KB249809

무량공덕19 　　　　　　무비스님 편저

대불정능엄신주

도서출판 장
Chang Kemkm

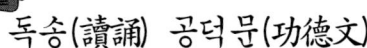

독송(讀誦) 공덕문(功德文)

부처님은 범인(凡人)이 흉내 낼 수 없는 피나는 정진(精進)을 통해 큰 깨달음을 이루신 인류의 큰 스승이십니다. 그 깨달음으로 삶과 존재의 실상(實相)을 바르게 꿰뚫어 보시고 의미 있고 보람된 삶에 대하여 가르치셨습니다.

부처님의 가르침을 전하는 사람을 법사(法師)라고 하는데, 법화경(法華經) 법사품(法師品)에는 다섯 가지 법사에 대하여 설파하고 있습니다.

그 첫째는 경전을 지니고 다니는 사람, 둘째는 경전을 읽는 사람, 셋째는 경전을 외우는 사람, 넷째는 경전을 해설하는 사람, 다섯째는 경전을 사경하는 사람입니다. 이 중 한 가지만 하더라도 훌륭한 법사이며, "법사의 길을 행하는 사람은 부처님의 장엄(莊嚴)으로 장엄한 사람이며, 부처

3

님께서 두 어깨로 업어주는 사람이다." 라고 말
씀하고 있으니 세상을 살아가면서 이보다 더 큰
보람과 영광이 어디에 있겠습니까?

　이번에 제작된 〈무량공덕 독송본〉은 항상 지
니고 다니면서 읽고 베껴 쓸 수 있는 경전입니
다. 부디 많은 분들이 이 인연 공덕에 함께 하시
어 큰깨달음 이루시고 행복하시기를 기원합니다.

독송공덕수승행 무변승복개회향
讀誦功德殊勝行 無邊勝福皆廻向(독송한 그 공
덕 수승하여라, 가없는 그 공덕 모두 회향하여)

보원침익제유정 속왕무량광불찰
普願沈溺諸有情 速往無量光佛刹(이 세상 모든
사람 모든 생명, 한량없는 복된 삶 누려지이다.)

불기2549(2005)년 여름안거
금정산 범어사　如天 無比 합장

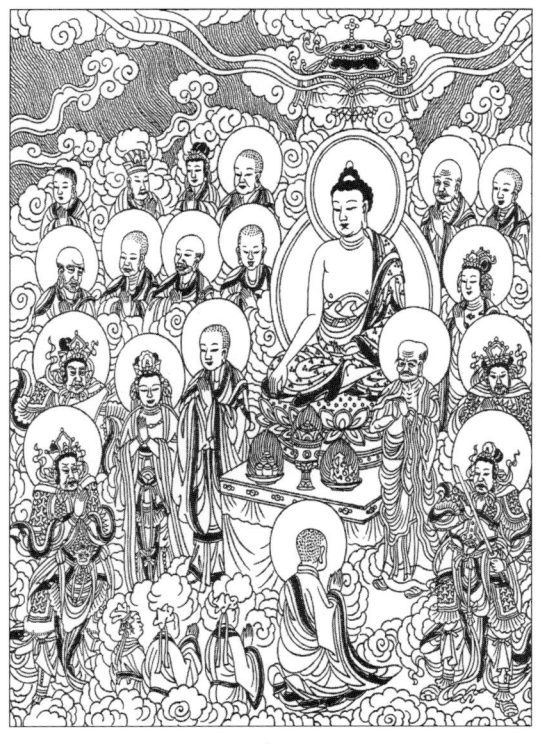

차례

송경의식·······9

대불정능엄신주·······15

대불정능엄신주의 공덕·······53

회향게·······70

대불정능엄신주 해설·······72

회향게(우리말)·······117

송경의식

◇ 정구업진언 (입으로 지은 죄업을 깨끗이 하는 진언)
淨口業眞言

수리수리 마하수리 수수리 사바하 (3회)

◇ 오방내외안위제신진언 (모든 신을 편안케 하는 진언)
五方內外安慰諸神眞言

나무 사만다 못다남 옴 도로도로
지미 사바하 (3회)

9

개경게 (경을 펼치는 게송)

開經偈

무상심심미묘법
無上甚深微妙法

백천만겁난조우
百千萬劫難遭遇

아금문견득수지
我今聞見得受持

원해여래진실의
願解如來眞實義

개법장진언 (진리의 법장을 여는 게송)

開法藏眞言

옴 아라남 아라다 (3회)

대불정수능엄신주계청

大佛頂首楞嚴神呪啓請

나무능엄회상불보살 (3회)

南無楞嚴會上佛菩薩

묘담총지부동존　수능엄왕세희유

妙湛總持不動尊　首楞嚴王世希有

소아억겁전도상　불력승기획법신

銷我億劫顚倒想　不歷僧祇獲法身

원금득과성보왕　환도여시항사중

願今得果成寶王　還度如是恒沙衆

11

장차심심봉진찰　시즉명위보불은
將此深心奉塵刹　是則名爲報佛恩

복청세존위증명　오탁악세서선입
伏請世尊爲證明　五濁惡世誓先入

여일중생미성불　종불어차취니원
如一衆生未成佛　終不於此取泥洹

대웅대력대자비　희경심제미세혹
大雄大力大慈悲　希更審除微細惑

영아조등무상각　어시방계좌도량
令我早登無上覺　於十方界坐道場

순약다성가소망　삭가라심무동전
舜若多性可銷亡　爍迦羅心無動轉

나무상주시방불 南無常住十方佛　나무상주시방법 南無常住十方法

나무상주시방승 南無常住十方僧

나무석가모니불 南無釋迦牟尼佛　나무불정수능엄 南無佛頂首楞嚴

나무관세음보살 南無觀世音菩薩　나무금강장보살 南無金剛藏菩薩

이시세존 爾時世尊　종육계중 從肉髻中　용백보광 涌百寶光　광중용출 光中涌出

천엽보련 千葉寶蓮　유화여래 有化如來　좌보화중 坐寶花中　정방십도 頂放十道

13

백보광명 百寶光明 일일광명 一一光明 개변시현 皆徧示現 십항하사 十恒河沙

금강밀적 金剛密跡 경산지저 擎山持杵 변허공계 徧虛空界 대중앙관 大衆仰觀

외애겸포 畏愛兼抱 구불애우 求佛哀祐 일심청불 一心聽佛 무견정상 無見頂相

방광여래 放光如來 선설신주 宣說神呪

대불정능엄신주

大佛頂楞嚴神呪

제일회 비로진법회

第一會 毘盧眞法會

一 스타타가토 스니삼 시타타 파트람 아

파라지탐 프라퉁기람 다라니

二 나맣 사르바 붇다 보디샤트 베뱧 三 나

모 샾타남 사먁삼붇다 코티남 사스라바

카 삼가남 四 나모 로케 아르한타남 五 나

모스로타 판나남 六 나모 스크르타 가미

남 七 나모 아나 가미남 八 나모 로케 사먁

가타남 사먁 프라티 판나남 九 나모 라트

나 트라야야 十 나모 바가바테 드르다 수

16

라세나 프라하라 나라자야 타타가타야

아르하테 사먁삼붇다야 十一 나모 바가바

테 아미타바야 타타가타야 아르하테 사

먁삼붇다야 十二 나모 바가바테 악소뱌야

타타가타야 아르하테 사먁삼붇다야 十三

나모 바가바테 바이사이쟈 구루 바이투

라 프라바 라자야 타타가타야 아르하테 사

먁삼붇다야 十四 나모 바가바테 삼푸스피타

사렌드라 라자야 타타가타야 아르하테

사먁삼붇다야 十五 나모 바가바테 사캬무

나예 타타가타야 아르하테 사먁삼붇다야

十六 나모 바가바테 라트나 쿠수마 케투라

자야 타타가타야 아르하테 사먁삼분다

야 七 나모 바가바테 타타가타 쿠라야

八 나모 바가바테 파드마 쿠라야 九 나

모 바가바테 바즈라 쿠라야 ䷀ 나모 바

가바테 마니 쿠라야 ䷀ 나모 바가바테

가르자 쿠라야 ䷀ 나모 데바르시남 ䷀ 나

19

모 신다 비댜 다라남 二四 나모 신다 비댜

다라르시남 二五 사파누그라하 사마르타남

二六 나모 브라흐마네 나모 인드라야

二七 나모 바가바테 루드라야 우마파티 사

헤야야 二八 나모 나라 야나야 락삼미사

헤야야 팜차 마하 무드라 二九 나마 스크

르타야 二 나모 마하 카라야 트리푸라나

가라 비드라파나 카라야 아디묵토카스

마사나바시니 마트르가나 三 나맣 스크

르타야 三 에뵤 나맣 스크르트바 이맘

三 바가바타 스타타가토스니삼 시타타파

트람 나마 파라지타 프라퉁기람 三四 사르

바데바 나마 스크르탐 _{三五} 사르바 데베

뱧푸지탐 사르바 데베스차 파리파리탐

사르바 부타그라하 니그라하 카림 _{三六} 파

라비댜 체다나 카림 _{三七} 두남타남 사트바

남 다마캄 두스타남 니바라님 _{三八} 아카라

므르튜 프라사마나 카림 _{三九} 사르바 반다

나목사나 카림 _{四〇} 사르바 두스타 두스바

프나니바라님 _{四一} 차투라 시티남 그라하

사하스라남 비드밤사나 카림 _{四二} 아스타

빔사티남 낙사트라남 프라사 다나 카림

_{四三} 아스타남 마하 그라하남 비드밤사나

카림 _{四四} 사르바 사트루니 바라님 _{四五} 구람

23

두스바프나남 차 나사님 _{四六} 비사 사스트

라 아그니 우다카 우트라님 아파라지

타구라 _{四七} 마하 찬남 마하 디프탐 마하

테잠 _{四八} 마하 스베탐 즈바라 마하 바라

스리야 판다라 바시님 아랴타라 브르쿠

팀 체바잠 _{四九} 바즈라 마레티 비스루탐

파드마 크맘 _{五〇} 바즈라 지흐바차 마라체

바 파라지타 _{五一} 바즈라 단디 비사라차

산타바이데하푸지타 사이미루파 마하

스베타 아랴타라 마하 바라아파라 _{五二} 바

즈라 상카라 체바 바즈라 코마리 쿠란

다리 _{五三} 바즈라 하스타차 마하 비댜 타타

25

캄차나마리카 _{五四} 쿠숨바라타나 체바 바

이로차나 쿠다르토스니사 비즈름 바마

나차 _{五五} 바즈라 카나카 프라바로차나 바

즈라 툰디차 스베타차 카마락사 사시프

라바 _{五六} 이톄테 무드라가나 사르베락삼

쿠르반투 마마샤

五七 옴 리시가나 프라사스타 타타가토스

니사 五八 훔브룸 잠바나 훔브룸 스탐바나

五九 훔브룸 보하나 훔브룸 마타나 六○ 훔

브룸 파라비다 삼박사나카라 六一 훔브룸

사르바두스타남 스탐바나카라 六二 훔브룸

사르바 약사 럑사사 그라하남 비드밤사

나 카라 [六三] 훔브룸 차투라시티남 그라하

사하스라남 비나사나 카라 [六四] 훔브룸 아

스타빔사티남 낙사트라남 프라사다나

카라 [六五] 훔브룸 아스타남 마하 그라하남

비드밤사나 카라 [六六] 락사락사 맘 [六七] 바가

28

밤 스타타가토스니사 마하 프라틍기레

六八 마하 사하스라부제 사하스라 시르사

이 코티사타사하스라 네트레 六九 아뼴댜

즈바리타 나타나카 마하 바즈로다라 트

르부바나 만다라 七〇 옴 스바스티르 바바

투 마마

七一 라자 바야 초라 바야 아그니 바야 우

다카 바야 七二 비사 바야 사스트라 바야

파라차크라 바야 두르빅사 바야 七三 아사

니 바야 아카라므르튜 바야 다라니부미

캄파 바야 [74] 우르카파타 바야 라자단다

바야 나가 바야 비듀 바야 [75] 수프라니

바야 약사 그라하 락사사 그라하 프레

타 그라하 [76] 피사차 그라하 부타 그라

하 쿰반다 그라하 푸타나 그라하 [77] 카

타푸타나 그라하 스칸다 그라하 아파스

마라 그라하 _{七八} 운마다 그라하 차야 그
라하 레바티 그라하 _{七九} 우자 하리냐 가
르바 하리냐 자타 하리냐 지비타 하리
냐 _{八○} 루디라 하리냐 바사 하리냐 맘사
하리냐 메다 하리냐 _{八一} 마자 하리냐 반
타 하리냐 아수챠 하리냐 치차 하리냐

八二 테삼 사르베삼 사르바 그라하남 비

댬 친다야미 키라야미 八三 파리브라자

카 크르탐 비담 친다야미 키라야미 八

四 다카다키니 크르탐 비담 친다야미 키라야미

키라야미 八五 마하 파수파티 루드라

크르탐 비담 친다야미 키라야미 八六 타

헤야 크르탐 비담 친다야미 키라야미 八七

마하 카라 마트르가나 크르탐 비담 친

다야미 키라야미 八八 카파리카 크르탐 비

담 친다야미 키라야미 八九 자야카라 마두

카라 사르바르타 사다나 크르탐 비담

친다야미 키라야미 九○ 차투르바기니 크

르탐 비댬 친다야미 키라야미 九一 브름기

리티카 난디케스바라 가나파티 사헤야 九二 나그

크르탐 비댬 친다야미 키라야미

나 스라마나 크르탐 비댬 친다야미 키

라야미 九三 아르한타 크르탐 비댬 친다야

미 키라야미 九四 비타라가 크르탐 비댬

친다야미 키라야미 _{九五} 바즈라파니 크르

탐 비댬 친다야미 키라야미 _{九六} 브라흐마

크르탐 루드라 크르탐 나라야나 크르탐

비댬 친다야미 키라야미 _{九七} 바즈라파니

구햐카디파티 크르탐 비댬 친다야미 키

라야미 _{九八} 락사 락사 맘

제사회 강장절섭회

九九

바가밤 시타타파트라 나모 스투테

一〇〇 아시타 나라르카 프라바스푸타 비카

시타타파트레 一〇一 즈바라 즈바라 다카

다카 비다카 비다카 다라 다라 一〇二 비다

라 비다라 친다 친다 빈다 빈다 一〇三 훔

훔 파트파트 스바하 헤헤 파트 一〇四 아모

가야 파트 아프라티 하타야 파트 一〇五 바

라 프라다야 파트 아수라 비드라 파카

야 파트 一〇六 사르바 데베뱧 파트 사르바

나게뱧 파트 一〇七 사르바 약세뱧 파트 사

르바 락사세밯 파트 一〇八 사르바 가루데

밯 파트 사르바 간다르베밯 파트 一〇九 사

르바 아수레밯 파트 사르바 킨다레밯

파트 一一〇 사르바 마호라게밯 파트 사르

바 부테밯 파트 一一一 사르바 피사체밯 파

트 사르바 쿰반데밯 파트 一一二 사르바 푸

타네밫 파트 사르바 카타푸타네밫 파트

一三 사르바 두르람기테밫 파트 사르바

두스프렉시테밫 파트 一四 사르바 즈바레

밫 파트 사르바 아파스마레밫 파트 一五

사르바 스라마네밫 파트 사르바 티르티

케밫 파트 一六 사르바 운맘데밫 파트 사

르바 비댜차례뱧 파트 二七 자야카라 마

두카라 사르바 르타사다케뵤 비댜 차례

뱧 파트 二八 차투르 바기니뱧 파트 二九 바

즈라 코마리 쿠란다리 비댜라제뱧 파트

三〇 마하 프라튱기레뱧 파트 三一 바즈

라 상카라야 프라튱기라 라자야 파트

二二 마하 카라야 마트르가나 나마 스크르

타야 파트 二三 인드라야 파트 브라흐미

니에 파트 二四 루드라야 파트 비스나비

예 파트 二五 비스네비에 파트 브라흐미

예 파트 二六 아그니에 파트 마하 카리에

파트 二七 로드리에 파트 카라단디에 파트

二八 아인드리에 파트 마트리에 파트

차문디에 파트 카라라트리예 파트 二九

카파리에 파트 아디묵토카 스마사나 바 三〇

시니예 파트 三一 예케칕타 사트바 마마

43

제오회 문수홍전회

第五會 文殊弘傳會

[三一] 두스타 칠타 파파 칠타 로드라 칠타

[三二] 비드바이사 칠타 아마이트라 칠타

우트파다 얀티 키라 얀티 만트라 얀티

자판티 조한티 [三四] 우자 하라 가르바 하

라 루디라 하라 ¹³⁵ 맘사 하라 메다 하

라 마자 하라 바사 하라 ¹³⁶ 자타 하라

지비타 하라 마랴 하라 바랴 하라 ¹³⁷

간다 하라 푸스파 하라 파라 하라 사샤

하라 ¹³⁸ 파파 칟타 두스타 칟타 데바

그라하 나가 그라하 ¹³⁹ 약사 그라하 락

사사 그라하 아수라 그라하 가루나 그

라하 [四〇] 킨다라 그라하 마호라가 그라

하 프레타 그라하 피사차 그라하 [四一] 부

타 그라하 푸타나 그라하 카타푸타나

그라하 쿰반다 그라하 [四二] 스칸다 그라

하 운마다 그라하 차야 그라하 아파스마

라 그라하 ¹⁴³ 다카다키니 그라하 레바

티 그라하 자미카 그라하 사쿠니 그라

하 ¹⁴⁴ 난디카 그라하 람비카 그라하 칸

타파니 그라하 ¹⁴⁵ 즈바라 에카히카 드

바이 티야카 트레 티야카 ¹⁴⁶ 차투르타

카니탸 즈바라 비사마 즈바라 바티카

一四七 파이티카 스레스미카 산디 파티카

一四八 사르바 즈바라 시로르티 아르다바

베다카 一四九 아로차카 악시로감 무카로

감 一五○ 흐르드로감 카르나 수람 단다 수

람 흐르다야 수람 一五一 마르마 수람 파라

스바 수람 프르스타 수람 우다라 수람

카티 수람 바스티 수람 우루 수람

잠가 수람 하스타 수람 파다 수람

사르방가 프라튱가 수람 부타 베타

다 다카다키니 즈바라 다드루 칸듀

키티바 로타 바이사르파 로하링가 소사

트라사 가라 비사요가 아그니 우다카

마라베라 칸타라 [176] 아카라므르튜 트라

이무카 트라이라타카 브르스치카 사르

파 나쿠라 심하 뱌그라 릭사 타라릭사

차마라 지비베 [155] 테삼사르베삼 시타타

파트라 마하바즈로 오스니삼 마하프라

퉁기람 [159] 야바 드바 다사 요자나 뱐타

레나 사마 반담 카로미 디사 반담 카로

미 [160] 파리비댜 반담 카로미 [161] 테조

반담 카로미 [162] 하스타 반담 카로미 파

다 반담 카로미 [163] 사르방가프라퉁가

반담 카로미 「[164] 타댜타 [165] 옴 아나레

아나레 비사다 비사다 반다 반다 반다니

51

반다니 ¹⁶⁶ 바이라 바즈라 파니 파트 ¹⁶⁷

훔브룸 파트 스바하 ¹⁶⁸ 나모 스타타 가

타야 ¹⁶⁹ 수가타 야르하테 사먁삼분다야

시담투 반트라파다 스바하」 (3·7번)

대불정능엄신주의 공덕

수능엄경 제7권에 부처님께서 대불정능엄신주를 설하시고, 아난에게 말씀하시었다.

「아난아, 이 부처님의 정수리 광명이 모

여 된 시타타파트라 비밀한 가타、 미묘한

글은 시방의 온갖 부처님을 내는 것이니、

시방여래가 이 주문으로 인하여 위없는 삼

먁삼보리를 이루는 것이며、 시방여래가 이

주문을 듣고 모든 마를 항복받고 외도를

이기는 것이며、 시방여래가 이 주문을 타

시고 보배연꽃에 앉아 미진같은 세계에 들어가시는 것이며、시방여래가 이 주문을 머금고 미진같은 세계에서 법문을 설하시며、시방여래가 이 주문을 가지고 시방세계에서 수기를 주시며、시방여래가 이 주문을 의지하여 여러 고생하는 이를 제도하

시며、시방여래가 이 주문을 따라 시방국
토에서 선지식을 섬기어 공양하고 항하사
여래의 법왕자가 되며、시방여래가 이 주
문을 행하여 친한 이와 인연있는 이를 붙들
어 주시며、소승들로 하여금 비밀한 법문을
듣게 하며、시방여래가 이 주문을 외우사

위없는 정각을 이루시며、시방여래가 이 주문을 전하여 열반하신 뒤에 불법을 유촉하여 머물러 있게 하며 계율을 청정하게 하시나니、내가 만일 이 주문의 공덕을 다 말하자면 아침부터 저녁까지 그치치 않고 항하사겁이 지나도록 말하여도 다할 수 없느니라.

이 주문을 여래의 정수리라고도 이름하나니, 너희 배우는 사람들이 윤회를 벗어나는 도를 얻고자 하면서도、이 주문을 외우지 아니하고 몸과 마음에 마가 없기를 바라는 것은 옳지 아니하니라。

아난아, 만일 여러 세계 여러 나라에 사는 중생들이 나무 껍질이나 잎이나 종이나 천에 이 주문을 써서 간직할 것이니, 설사 외울 수 없거든, 몸에 갖거나 방 안에 두기만 하여도 독이 이 사람을 해하지 못하니라.

아난아, 내 다시 이 주문이 세상 중생들을 구호하며, 중생들로 하여금 세간에서 뛰어나는 지혜를 이루게 하는 일을 말하리라. 내가 열반한 뒤에 말세 중생들이 스스로 이 주문을 외우거나 남을 시켜 외우게 하면 이 중생들은 불이 태우지 못하며,

물에 빠지지 못하며, 독이 해치지 못하며, 용이나 하늘사람이나 귀신이나 마귀의 나쁜 주문들이 건드리지 못하고, 마음에 삼매를 얻어서 독한 약과 만물의 독기가 이 사람의 입에 들어가면 곧 감로로 변할 것이며, 나쁜 귀신들이라도 이 사람에게는 해를 주지 못하며, 항상 이 사람을 보호할 것이니라.

아난아, 이 주문은 8만 4천 나유타 항하사 구지되는 금강장왕보살의 종족들이 밤낮으로 따라다니면서 보호하나니, 설사 어떤 중생이 삼매가 아닌 산란한 때에라도,

마음으로 생각하고 입으로 이 주문을 외우면, 이러한 금강왕들이 항상 이 사람을 보호할 것이어든 하물며 보리 마음을 결정한 사람이야 말할 것이 있겠는가.

이 좋은 남자가 이 주문을 읽거나 외우거나 몸에 간직하면 이 사람은 보리심을 처음

낼 때부터 부처님 몸을 얻을 때까지 세세생
생 나쁜 곳에 나지 아니하며、천하고 가난
한 곳에도 태어나지 아니하느니라。

이 중생들이 설사 제 몸으로 복을 짓지
못하였더라도 부처님의 공덕을 얻어 한량
없는 겁동안을 항상 부처님을 떠나지 아니

하느니라.

그리하여 계를 파한 사람으로는 계를 청정하게 하며, 계를 얻지 못한 이로는 계를 얻게 하며, 정진하지 못하는 이로는 정진하게 하며, 지혜가 없는 이로는 지혜를 얻게 하며, 재계를 가지지 못하는 이로는 재계를 이루게 하느니라.

아난아, 어떤 중생이 한량없는 옛적으로부터 지은 죄업을 이때까지 한번도 참회하지 못하였더라도 이 주문을 읽거나 외우거나 써서 가지면, 모든 죄업이 없어질 것이며, 오래지 않아서 무생법인을 얻게 되느니라.

아난아, 어떤 사람이 소원이 있어 지극한 정성으로 이 주문을 외우면 소원이 이루어 질 것이며, 나라나 지방에 싸움이나 기근 이나 질병의 재앙이 있더라도 그 지방에 사는 중생들로 하여금 이 주문을 모시거나

예배하게 하면、온갖 재앙이 모두 소멸하

게 되느니라。

그러므로 여래가 이 주문을 일러서、이 다

음 세상까지 전하여서 처음으로 마음을 내

는 수행하는 이들을 보호하여 삼매에 들게

하며、마의 장난과 전세의 업장이 방해하

는 일이 없게 하느니라.

너와 이 회상에서 배우는 이들이나 이다음 세상에 수행하는 이들은 이 규모대로 수행하여 부모에서 얻은 육신으로 도를 이룰 것이니라.」

회향게
廻向偈

상래현전청정중
上來現前淸淨衆

풍송능엄비밀주
諷誦楞嚴秘密呪

회향삼보중룡천
廻向三寶衆龍天

수호가람제성중
守護伽藍諸聖衆

삼도팔난구리고
三途八難俱離苦

사은삼유진점은
四恩三有盡霑恩

국계안녕병혁소
國界安寧兵革銷

풍조우순민안락
風調雨順民安樂

대중훈수희승진 大衆熏修希勝進 십지돈초무난사 十地頓超無難事

삼문청정절비우 三門清淨絶非虞 단신귀의증복혜 檀信歸依增福慧

시방삼세일체불 十方三世一切佛 제존보살마하살 諸尊菩薩摩訶薩

마하반야바라밀 摩訶般若波羅蜜

법신진언

옴 아비라 훔 캄 사바하

대불정능엄신주 해설

【정구업진언】
淨口業眞言

수리수리 마하수리 수수리 사바하 (3회)

【오방내외안위제신진언】
五方內外安慰諸神眞言

나무 사만다 못다남 옴 도로도로 지미
사바하 (3회)

【개경게】
開經偈

무상심심미묘법　백천만겁난조우
無上甚深微妙法　百千萬劫難遭遇

부처님의 법은 가장 높고
가장 깊고 가장 미묘해서

수억만년의 오랜 세월 동안에도
만나뵙기 어렵지만

아금문견득수지　원해여래진실의
我今聞見得受持　願解如來眞實意

저는 이제 불법을 듣고
경전을 보고 간직하오니

원컨대 부처님의 진실한 뜻을
잘 알게 해 주십시오.

【개법장진언】
　開法藏眞言

옴 아라남 아라다 (3회)

【대불정수능엄신주계청】
　大佛頂首楞嚴神呪啓請

나무능엄회상불보살 (3회)
南無楞嚴會上佛菩薩

묘담총지부동존 수능엄왕세희유
妙湛總持不動尊 首楞嚴王世希有

묘하고 담적한 다라니를 지니시어 흔들림
이 없으신 수능엄왕이시어! 세상에 희유하
십니다.

소아억겁전도상 불력승기획법신
銷我億劫顚倒想 不歷僧祇獲法身

억겁의 전도된 저의 망상을 없애주시어, 아승
지겁을 거치지 않고 법신을 얻게 하십니다.

원금득과성보왕 환도여시항사중
願今得果成寶王 還度如是恒沙衆

이제 저희들은 불과를 얻고 보왕을 이루며,
다시 항하의 모래수와 같이 많은 중생을 제
도하려고 합니다.

장차심신봉진찰 시즉명위보불은
將此深心奉塵刹 是則名爲報佛恩

이러한 깊은 마음으로 수많은 세계를 받들
면, 이것이 바로 부처님의 은혜에 보답하는
것이라 합니다.

복청세존위증명 오탁악세서선입
伏請世尊爲證明 五濁惡世誓先入

엎드려 청하옵나니, 세존께서 증명이 되어
주십시오. 오탁악세에 먼저 들어가

74

여일중생미성불 종불어차취니원
如一衆生未成佛 終不於此取泥洹

만약 한 중생이라도 성불하지 못하는 이가
있다면, 끝내 열반을 취하지 않겠습니다.

대웅대력대자비 희경심제미세혹
大雄大力大慈悲 希更審除微細惑

대웅대력하시고 대자대비하신 부처님이시여!
다시금 저희들의 미세한 번뇌를 없애주시어

영아조등무상각 어시방계좌도량
令我早登無上覺 於十方界坐道場

저희들이 하루빨리 위없는 깨달음에 올라,
시방세계의 도량에 앉게 하소서.

순약다성가소망 삭가라심무동전
舜若多性可銷亡 爍迦羅心無動轉

허공의 성품은 없어질 수 있어도, 저의 견고
한 서원은 변하지 않을 것입니다.

나무상주시방불 나무상주시방법
南無常住十方佛 南無常住十方法

나무상주시방승
南無常住十方僧

나무석가모니불　나무불정수능엄
南無釋迦牟尼佛　南無佛頂首楞嚴

나무관세음보살　나무금강장보살
南無觀世音菩薩　南無金剛藏菩薩

이시세존　종육계중　용백보광　광중용출
爾時世尊　從肉髻中　涌百寶光　光中涌出

천엽보련　유화여래　좌보화중　정방십도
千葉寶蓮　有化如來　坐寶花中　頂放十道

백보광명　일일광명　개변시현　십항하사
百寶光明　一一光明　皆徧示現　十恒河沙

금강밀적　경상집저　변허공계　대중앙관
金剛密跡　擎山持杵　徧虛空界　大衆仰觀

외애겸포　구불애우　일심청불　무견정상
畏愛兼抱　求佛哀祐　一心聽佛　無見頂相

방광여래　선설신주
放光如來　宣說神呪

76

그때 세존께서 머리의 육계에서 수많은 보배의 광명을 놓으시니, 광명 가운데 천 개의 보배연 꽃이 솟아오르고, 연꽃 위에는 화신의 여래가 앉아 계시어, 정수리 위에서 열 가지 길로 수많 은 광명을 놓으셨다. 낱낱 광명 속에서 십 항하 의 모래 수와 같은 수많은 금강밀적이 나타나 금강저를 세워 쥐고서 허공계에 가득하였다. 대중들이 우러러 바라보고 두려운 생각과 공경 하는 마음으로 부처님께 불쌍히 여겨 도와주시 기를 바라면서, 부처님의 무견정상의 광명 속 에 나타난 여래께서 설하시는 신주를 일심으로 들었다.

대불정능엄신주
大佛頂楞嚴神呪

뜻도 모르고 단지 암송에만 주력했던 『능엄신주』를 **大講主 無比스님**께서 최초로 번역 풀이하신 이 강의는 우리에게 신비롭게만 여겨졌던 능엄주의 깊고 오묘한 비밀주(秘密呪)의 세계를 눈뜰 수 있는 귀한 인연이 될 것이다.

제 일 회 : 비 로 진 법 회
第 1 會 : 毘 盧 眞 法 會

1. 스타타가토 스니삼 시타타 파트람 아파라지탐 프라튱기람 다라니

대불정 여래 백산개(白傘蓋) 아래 능히 미치는 자가 없는 완전조복하는 최강조복 다라니(진언입니다.)

78

2. 나맣 사르바 붇다 보디샤트 베뱧

일체의 佛(부처님), 불보살에게 귀의합니다.

3. 나모 샇타남 사먁삼붇다 코티남 사스 라바카 삼가남

칠천만억 부처님과 성문, 승가들에게 귀 의합니다.

4. 나모 로케 아르한타남

세간(世間)에 있는 아라한(阿羅漢)들에게 귀의합니다.

5. 나모 스로타 판나남

入流이신 수다원(須陀洹)에게 귀의합니다.

6. 나모 스크르타 가미남

一往來이신 사다함(斯陀洹)에게 귀의합니다.

7. 나모 아나 가미남

不來이신 아나함(阿那舍)에게 귀의합니다.

8. **나모 로케 사먁 가타남 사먁 프라티 판나남**

세간에서 바르게 聖果로 걸어가고 있는 四果 수행자와 四向의 여러 수행자 분들에게 귀의합니다.

9. **나모 라트나 트라야야**

三寶(불·법·승)에게 귀의합니다.

10. **나모 바가바테 드르다 수라세나 프라하라 나라자야 타타가타야 아르하테 사먁삼붇다야**

세존이시며 용맹한 군사(드르다 수라세나)들을 격파하신 王(프라하라 나라자야), 여래 응공이신 등정각에게 귀의합니다.

11. **나모 바가바테 아미타바야 타타가타야 아르하테 사먁삼붇다야**

아미타如來(타타가타야), 응공(아르하테)이신 등정각에게 귀의합니다.

12. **나모 바가바테 약소뱌야 타타가타야**

아르하테 사먁삼붇다야

세존이신 아촉여래(아크쇼바야)와 응공이
신 등정각에게 귀의합니다.

13. **나모 바가바테 바이사이쟈 구루 바이
투랴 프라바 라자야 타타가타야 아르하
테 사먁삼붇다야**

세존이신 약사유리광왕(바이사이쟈 구루 바
이투랴 프라바 라자야) 여래 응공 등정각에
게 귀의합니다.

14. **나모 바가바테 삼푸스피타 사렌드라
라자야 타타가타야 아르하테 사먁삼붇다야**

세존이신 개부화왕(삼푸슈피타), 사라수왕
(사렌드라 라자), 여래 응공 등정각에게
귀의합니다.

15. **나모 바가바테 사캬무나예 타타가타야
아르하테 사먁삼붇다야**

세존이신 석가모니여래와 응공이신 등정각
에게 귀의합니다.

16. **나모 바가바테 라트나 쿠수마 케투라 자야 타타가타야 아르하테 사먁삼붇다야**

세존이신 보화당왕(라트나 쿠수마 케투라자야) 여래와 응공이신 등정각에게 귀의합니다.

17. **나모 바가바테 타타가타 쿠라야**

세존이신 여래(타타가타)부족(쿠라야) 에게 귀의합니다.

18. **나모 바가바테 파드마 쿠라야**

세존이신 연화부족에게 귀의합니다.

19. **나모 바가바테 바즈라 쿠라야**

세존이신 금강부족에게 귀의합니다.

20. **나모 바가바테 마니 쿠라야**

세존이신 여의보부족에게 귀의합니다.

21. **나모 바가바테 가르자 쿠라야**

세존이신 백상부족에게 귀의합니다.

22. 나모 데바르시남

일체의 천신과 성신들에게 귀의합니다.

23. 나모 싣다 비댜 다라남

명주(明呪)를 성취하여 신통력을 지니신 이들에게 귀의합니다.

24. 나모 싣다 비댜 다라르시남

명주(明呪)를 성취하여 신통력을 지닌 모든 천(天), 신(神), 선(仙)에게 귀의합니다.

25. 사파누그라하 사마르타남

명주(明呪)를 지니고 두루 이익을 섭수(攝受)하시는 대중들에게 귀의합니다.

26. 나모 브라흐마네 나모 인드라야

범천과 인드라신(帝釋天)에게 귀의합니다.

27. 나모 바가바테 루드라야 우마파티 사헤야야

세존이신 루드라神과 우마파티神과 그 권속에게 귀의합니다.

28. **나모 나라 야나야 락삼미사헤야야 팜**
    차 마하 무드라

금강역사와 수호하는 그 권속들 그리고
5대명왕에게 귀의합니다.

29. **나마 스크르타야**

정례하고 귀의합니다.

30. **나모 마하 카라야 트리푸라나가라 비**
    드라파나 카라야 아디묵토카 스마사나
    바시니 마트르가나

대흑천신(마하 카라야)의 삼궁성(三宮城;트
리푸라나가라)을 불태우고 아디묵티카신의
묘소에 살고 있는 성스러운 마트리신들에
게 귀의합니다.

31. **나망 스크르타야**

정례하고 기원합니다.

32. **에뇨 나망 스크르트바 이맘**

위와 같이 거룩한 분들에게 정례하고

귀의합니다.

33. 바가바타 스타타가토스니삼 시타타파트람 나마 파라지타 프라튱기람

이 거룩한 여래불정, 백산개주와 모든 것을 다 완전조복시키는 주문(呪文)에게 귀의합니다.

34. 사르바 데바 나마 스크르탐

일체의 천(天), 신(神), 선(仙)에게 정례하고 귀의합니다.

35. 사르바 데베뱡 푸지탐 사르바 데베스차 파리파리탐 사르바 부타그라하 니그라하 카림

일체의 천신중(天神衆)에게 공양드리며, 일체의 天神衆을 계호하는 제천부(諸天部)의 많은 귀신들을 완전조복하노라!

36. 파라비댜 체다나 카림

다른 모든 신의 '주(呪)'를 절단하노라!

37. 두남타남 사트바남 다마캄 두스타남 니바라님

결호되어 항복받기 어려운 '제중생(濟衆生)' 을 항복받는 모든 악한 자들의 '呪'를 차단 하노라!

38. 아카라므르튜 프라사마나 카림

때아닌 죽음의 액(변사, 횡사)를 능히 제도 하시는 분입니다.

39. 사르바 반다 나목사나 카림

일체 중생의 속박을 능히 해탈케 하시는 분입니다.

40. 사르바 두스타 두스바프나니바라님

모든 악몽을 능히 없애는 분입니다.

41. 차투라 시티남 그라하 사하스라남 비 드밤사나 카림

팔만사천의 사마(邪魔)들을 파멸시키는 분 입니다.

42. 아스타 빔사티남 낙사트라남 프라사다 나 카림

28가지의 별들을 청정히 바로 잡는 분입니다.

43. 아스타남 마하 그라하남 비드밤사나 카림

여덟 가지(아스타남)의 大惡星(마하 그라하남)들을 파멸시키는 분입니다.

44. 사르바 사트루니 바라님

모든 원적(怨敵)을 이기는 분입니다.

45. 구람 두스바프나남 차 나사님

또한 무서운 악몽 등을 소멸시키는 분입니다.

46. 비사 사스트라 아그니 우다카 우트라 님 아파라지 타구라

독약과 검(檢)의 재앙과 화(火)의 재앙, 수(水)의 재앙으로부터 구제하시는 분입니다.

불패의 구라여신

47. 마하 찬남 마하 디프탐 마하 테잠

대력(大力)의 찬다신과 대화염(大火炎)
의 여신과 대위덕광(大威德光)의 여신과

48. 마하 스베탐 즈바라 마하 바라 스리야 판다라 바시님 아라타라 브르쿠팀 체바잠

대천녀의 염광신(炎光神)과 대력백의여
신(大力白衣女神)과 현도천녀신(賢度天
女神)과 진여신(瞋女神)과

49. 바즈라 마레티 비스루탐 파드마 크맘

최승여신(最勝女神)과 마라티 꽃을 가진
금강모신(金剛母神)과 유명한 연꽃에 앉
은 여신과

50. 바즈라 지흐바차 마라체바 파라지타

또한 금강설여신(金剛舌女神)과 꽃다발을
가진 불패의 여신과

51. 바즈라 단디 비사라차 산타바이데하푸

지타 사이미루파 마하 스베타 아랴타라 마하 바라아파라

금강저여신(金剛杵女神)과 또한 위대하며 아름다운 神들로부터 공양받는 여신과 뛰어난 주술자의 모습을 한 태백여신(太白女神)

52. 바즈라 상카라 체바 바즈라 코마리 쿠란다리

현도천여신(賢度天女神)과 대력여신(大力女神)과 금강소여신(金剛銷女神)과 금강동여신(金剛童女神)과 시여신(侍女神)과

53. 바즈라 하스타차 마하 비댜 타타캄차 나마리카

또한 금강수여신(金剛手女神)과 명주여신(明呪女神)과 금발여신(金髮女神)과

54. 쿠숨바라타나 체바 바이로차나 쿠다르 토스니사 비즈름 바마나차

황금의 보물을 가진 여신과 두루 비치는 역량의 불정여신(佛頂女神)과 개구여신(開口

89

女神)과

55. 바즈라 카나카 프라바로차나 바즈라 툰디차 스베타차 카마락사 사시프라바

인드라신의 무기인 번개와 같고 황금빛이 나는(바쥬라 카나카 프라바) 눈이며 금강취인 여신과 흰 연꽃같은 눈을 가진 女神과 빛나는 눈을 가진 월광여신(月光女神)과

56. 이테테 무드라가나 사르베락삼 쿠르반투 마마샤

위와같이 일체의 諸印(무드라가나)을 보이는 제존들이시여! 나를 위하여 수호를 베푸시옵소서! 수호하시옵소서!

제 이 회: 석 존 응 화 회
第 2 會: 釋 尊 應 化 會

57. 옴 리시가나 프라사스타 타타가토스니사

기원합니다! 天, 神, 仙으로부터 찬미받
는 대여래불정이시여!

58. 홈브룸 잠바나 홈브룸 스탐바나

기원합니다. 악을 물리치는 파괴자(잠바나)
이시여, 거룩히 존경하는 제어자이시여!

59. 홈브룸 보하나 홈브룸 마타나

존경하는 결호자여(미혹대를), 존경하는
왕자여!

60. 홈브룸 파라비댜 삼박사나카라

거룩히 존경하는 타자(他者)의 주문을
삼켜버리시는 분이여!

61. 홈브룸 사르바두스타남 스탐바나카라

거룩히 존경하는 일체의 악자들을 제어
진수(制御鎮守)하시는 분이시여!

62. 홈브룸 사르바 약사 략사사 그라하남 비드밤사나 카라

간절히 바라옵니다. 존경하는 일체의 야차귀, 나찰귀의 재앙을 파괴하시는 분이시여!

63. 홈브룸 차투라시티남 그라하 사하스라남 비나사나 카라

거룩히 존경하는 8만 4천의 사특한 마구니의 귀신들을 파멸하시는 분이시여!

64. 홈브룸 아스타빔사티남 낙사트라남 프라사다나 카라

거룩히 존경하는 28개의 별들을 환희케 하시는 분이시여!

65. 홈브룸 아스타남 마하 그라하남 비드밤사나 카라

거룩히 존경하는 8대악성을 파괴하시는 분이시여!

66. 락사락사 맘

이렇게 지극한 마음으로 존경하고 있는
저를 수호하옵소서!

67. 바가밤 스타타가토스니사 마하 프라튱기레

대여래불정으로써   악주(惡呪)를 조복케
하시는 세존이시여!

68. 마하 사하스라부제 사하스라 시르사이 코티사타사하스라 네트레

수많은 하늘에 있는 수여신(手女神)이
여, 수두여신(手頭女神)이여, 일조(一兆)의
눈을 가진 여신이여!

69. 아뻼댜 즈바리타 나타나카 마하 바즈로다라 트르부바나 만다라

화염처럼 무명을 비추며 춤추는 여신이여,
대금강저를 지닌 여신이여, 삼계의 만달
라를 지배하는 여신이여!

70. 옴 스바스티르 바바투 마마

원컨대 길상(吉相)이 있으소서, 나에게
이와 같이 나에게!

제 삼 회: 관 음 합 동 회
第 3 會: 觀 音 合 同 會

71. **라자 바야 초라 바야 아그니 바야 우
다카 바야**

왕(王)의 재앙, 도적의 재앙, 불의 재앙, 물
의 재앙

72. **비사 바야 사스트라 바야 파라차크라
바야 두르빅사 바야**

독(毒)의 재앙, 무기의 재앙, 적병의 재앙,
기근의 재앙

73. **아사니 바야 아카라므르튜 바야 다라
니부미캄파 바야**

벼락의 재앙, 횡사의 재앙, 지진의 재앙

74. **우르카파타 바야 라자단다 바야 나가
바야 비듀 바야**

유성의 재앙, 형벌의 재앙, 뱀의 재앙,
우뢰와 번개의 재앙

75. 수프라니 바야 약사 그라하 락사사 그라하 프레타 그라하

독수리의 재앙, 야차귀의 재앙, 나찰귀의 재앙, 아귀의 재앙

76. 피사차 그라하 부타 그라하 쿰반다 그라하 푸타나 그라하

시체만 먹는 귀신을 만나는 재앙과 정령귀(精靈鬼)의 재앙, 여자만 따라 다니는 귀신의 재앙, 취귀의 재앙

77. 카타푸타나 그라하 스칸다 그라하 아파스마라 그라하

기취마(奇臭魔)의 재앙, 어린이를 병들게 하는 마(魔)를 만나는 재앙, 양의 머리를 한 귀신의 재앙

78. 운마다 그라하 차야 그라하 레바티 그라하

광병마의 재앙, 사악한 영귀(影鬼)의 재앙, 여자 도깨비의 재앙

79. **우자 하리냐 가르바 하리냐 자타 하리
냐 지비타 하리냐**

정기를 빨아 먹는 鬼女(귀녀), 태아(胎兒)를
잡아먹는 鬼女, 살아있는 아이를 잡아먹
는 鬼女, 목숨을 잡아 먹는 鬼女

80. **루디라 하리냐 바사 하리냐 맘사 하리
냐 메다 하리냐**

피를 빨아 먹는 鬼女, 골수를 파먹는 鬼
女, 살을 먹는 鬼女, 손가락을 잘라 먹는
鬼女

81. **마자 하리냐 반타 하리냐 아수챠 하리
냐 치차 하리냐**

골수(骨髓)를 먹는 鬼女, 토물을 먹는
鬼女, 부정물(不淨物)을 먹는 鬼女, 마음
을 빼앗아 버리는 鬼女

82. **테삼 사르베삼 사르바 그라하남 비댬
친다야미 키라야미**

이와 같은 일체의 재앙을 일으키는 귀신

들의 주문을 나는 지금 절단한다, 나는
지금 묶어 놓겠노라!

83. **파리브라자카 크르탐 비댐 친다야미 키리야미**

외도들이 행하는 주문을 나는 지금 절단
하노라. 묶어 놓겠노라!

84. **다카다키니 크르탐 비담 친다야미 키 라야미**

다키니 女鬼가 행하는 주문을 나는 지금
절단하노라 묶어 놓겠노라!

85. **마하 파수파티 루드라 크르탐 비담 친 다야미 키라야미**

큰 짐승의 주인인 루드라신이 행하는 주
문을 나는 지금 절단하노라. 묶어 놓겠
노라!

86. **타트바 가루다 사헤야 크르탐 비담 친 다야미 키라야미**

가루다 새와 그 권속들이 행하는 주문

을 나는 지금 절단하노라, 묶어 놓겠노라!

87. 마하 카라 마트르가나 크르탐 비댬 친다야미 키라야미

대흑천신과 그 부인들이 행하는 주문을 나는 지금 절단하노라, 묶어 놓겠노라!

88. 카파리카 크르탐 비댬 친다야미 키라야미

시바신의 교도들이 행하는 주문을 나는 지금 절단하노라, 묶어 놓겠노라!

89. 자야카라 마두카라 사르바르타 사다나 크르탐 비댬 친다야미 키라야미

승리한 자, 꿀을 만드는 자 등 일체의 이익을 성취하고자 하는 자들이 행하는 주문을 나는 지금 절단하노라, 묶어 놓겠노라!

90. 차투르바기니 크르탐 비댬 친다야미 키라야미

네 자매여신이 행하는 주문을 나는 지금

절단하노라, 묶어 놓겠노라!

91. **브름기리티카 난디케스바라 가나파티 사혜야 크르탐 비댬 친다야미 키라야미**

투전외도, 공작왕, 환희왕과 그 권속이 행하는 주문을 나는 지금 절단하노라, 묶어 놓겠노라!

92. **나그나 스라마나 크르탐 비댬 친다야 미 키라야미**

나형(裸形)외도가 행하는 주문을 나는 지금 절단하노라, 묶어 놓겠노라!

93. **아르한타 크르탐 비댬 친다야미 키라 야미**

아라한들이 행하는 주문을 나는 지금 절 단하노라, 묶어 놓겠노라!

94. **비타라가 크르탐 비댬 친다야미 키라 야미**

이욕자(離慾者)들이 행하는 주문을 나는 지금 절단하노라, 묶어 놓겠노라!

95. 바즈라파니 크르탐 비댬 친다야미 키라야미

금강수(金剛手)의 주인이 행하는 주문을 나는 지금 절단하노라. 묶어 놓겠노라!

96. 브라흐마 크르탐 루드라 크르탐 나라야나 크르탐 비댬 친다야미 키라야미

범천 주장이 행하는, 자재천 주장이 행하는, 나라연천 주장이 행하는 주문을 나는 지금 절단하노라, 묶어 놓겠노라!

97. 바즈라파니 구햐카디파티 크르탐 비댬 친다야미 키라야미

금강저를 손에 잡은 바즈라파니와 그 주위의 밀적(密迹)금강들(구햐카디파티)이 행하는 주문을 나는 지금 절단하노라, 묶어 놓겠노라!

98. 락사 락사 맘

거룩하신 세존께서 나를 위하여 수호하소서! 수호하소서!

제 사 회: 강 장 절 섭 회
第 4 會: 剛 藏 折 攝 會

99. 바가밤 시타타파트라 나모 스투테

세존이시여, 백산개(白傘蓋)여신이시여!
정례하고 귀명합니다.

100. 아시타 나라르카 프라바스푸타 비카 시타타파트레

흰 불빛과 같이 빛나는 활짝 핀 백산개
(白傘蓋)여신이시여!

101. 즈바라 즈바라 다카 다카 비다카 비 다카 다라 다라

빛을 내십시오. 빛을 내십시오, 낱낱이
태우십시오, 낱낱이 태우십시오, 깨뜨리
십시오, 깨뜨리십시오!

102. 비다라 비다라 친다 친다 빈다 빈다

낱낱이 파괴하십시오, 낱낱이 파괴하십시
오, 쪼개십시오, 자르십시오, 사정없이 깨
뜨리십시오!

103. 훔훔 파트파트 스바하 헤헤 파트

거룩하고 신비한 힘으로 저들을 물리쳐
주옵소서, 오직 다음의 주문들까지도!

104. 아모가야 파트 아프라티 하타야 파트

불공자(不空者)의 주문과 무애자(無礙者)
의 주문과

105. 바라 프라다야 파트 아수라 비드라
파카야 파트

은혜를 베푸는 자의 주문과 아수라를 물
리치는 자의 주문과

106. 사르바 데베뱡 파트 사르바 나게뱡
파트

일체 천신들의 주문과 일체 용신(龍神)
들의 주문과

107. 사르바 약세뱡 파트 사르바 락사세
뱡 파트

일체 야차신(野叉神)들의 주문과 일체 나

찰신(羅刹神)들의 주문과

108. 사르바 가루데뱡 파트 사르바 간다르 베뱡 파트

일체 금시조신들의 주문과 일체 건달바 (音樂神)들의 주문과

109. 사르바 아수레뱡 파트 사르바 킨다레 뱡 파트

일체 아수라신(阿修羅神)들의 주문과 일체 긴다라신들의 주문과

110. 사르바 마호라게뱡 파트 사르바 부테 뱡 파트

일체 마후라신들의 주문과 일체 정령마 들의 주문과

111. 사르바 피사체뱡 파트 사르바 쿰반데 뱡 파트

일체 치신들의 주문과 일체 수궁부녀귀 의 주문과

112. **사르바 푸타네뱡 파트 사르바 카타푸 타네뱡 파트**

일체 취귀들의 주문과 일체 기식귀(奇息 鬼)들의 주문과

113. **사르바 두르람기테뱡 파트 사르바 두 스프렉시테뱡 파트**

일체 재앙을 지나가게 하는 모든 神들의 주문과 일체 추악한 재앙을 일으키는 모 든 신들의 주문과

114. **사르바 즈바레뱡 파트 사르바 아파스 마레뱡 파트**

일체 열병귀(熱病鬼)들의 주문과 양의 머 리에 여자의 몸을 가진 여우같은 귀신(羊 頭여우귀신)들의 주문과

115. **사르바 스라마네뱡 파트 사르바 티르 티케뱡 파트**

일체 성문(聲聞)들의 주문과 일체 외도

사(外道士)들의 주문과

116. 사르바 운맘데뱡 파트 사르바 비댜차 례뱡 파트

일체 광란귀(狂亂鬼)들의 주문, 일체 명주 (明呪)를 지닌 자들의 주문과

117. 자야카라 마두카라 사르바 르타사다 케뵤 비댜 차례뱡 파트

승리한 자와 꿀을 만드는 자와 더 나아가 모든 이익을 성취하고자 하는 자들의 주문과

118. 차투르 바기니뱡 파트

네 자매 여신들의 주문과

119. 바즈라 코마리 쿠란다리 비댜라제뱡 파트

금강동녀와 명주여왕신(明呪女王神)의 주문과

120. 마하 프라튱기례뱡 파트

크게 조복한 여신과 그 권속들의 주문과

121. 바즈라 상카라야 프라퉁기라 라자야 파트

금강과 같이 들어간 조복왕의 주문과

122. 마하 카라야 마트르가나 나마 스크르 타야 파트

대흑천신의 주문과 대성모의 주문과 예배받는 자의 주문과

123. 인드라야 파트 브라흐미니예 파트

제석천신의 주문과 범천신의 주문과

124. 루드라야 파트 비스나비예 파트

자재천신의 주문과 비슈누신의 주문과

125. 비스네비예 파트 브라흐미예 파트

비쉬누 여신의 주문과 범천의 주문과

126. 아그니예 파트 마하 카리예 파트

화신(火神)의 주문과 대흑천여신(大黑天女神)의 주문과

127. 로드리예 파트 카라단디예 파트

자재천여신의 주문과 죽음의 여신의 주문과

128. 아인드리예 파트 마트리예 파트

대재천여신의 주문과 마트리(聖母)여신의
주문과

129. 차문디예 파트 카라라트리예 파트

차문다여신의 주문과 흑야여신(黑夜女
神)의 주문과

130. 카파리예 파트 아디뭇토카 스마사나
바시니예 파트

촉루신(觸縷神)의 주문과 기쁘게 아디무크
타카신의 묘지에 머무는 시바신의 주문과

131. 에케칠타 사트바 마마

이들의 어떤 주문이라도 모두 파멸시킬
수 있는 힘으로 중생인 나를 수호하소서!

제 오 회: 문 수 홍 전 회
第 5 會: 文 殊 弘 傳 會

132. **두스타 칠타 파파 칠타 로드라 칠타**
비드바이사 칠타 아마이트라 칠타

아주 더럽고 악한 마음, 누구를 해치려는
마음, 포악한 마음, 증오하는 마음, 자비
롭지 못한 마음

133. **우트파다 얀티 키라 얀티 만트라 얀**
티 자판티 조한티

식정귀, 식색귀, 식안귀, 식기귀

134. **우자 하라 가르바 하라 루디라 하라**

정기(精氣)를 먹는 귀신과 태아를 먹는
귀신과 피를 먹는 귀신과

135. **맘사 하라 메다 하라 마자 하라 바사**
하라

인육(人肉)을 먹는 귀신과 지방을 빨아
먹는 귀신과 골수만 뽑아 먹는 귀신과
기름을 먹는 귀신과

136. **자타 하라 지비타 하라 마랴 하라 바**
랴 하라

갓 태어난 아기를 먹는 귀신과 수명을
먹는 귀신과 팔이나 다리를 먹는 귀신과
공양물을 먹는 귀신과

137. **간다 하라 푸스파 하라 파라 하라 사**
샤 하라

음식의 향기만 맡는 귀신과 꽃을 먹는 귀
신과 과일만 먹는 귀신과 곡물만 먹는
귀신들의 재앙과

138. **파파 칠타 두스타 칠타 데바 그라하**
나가 그라하

누구를 해치려는 마음, 아주 더럽고 악한
마음, 천신의 재앙, 용신의 재앙과

139. **약사 그라하 락사사 그라하 아수라**
그라하 가루나 그라하

야차신의 재앙과 나찰신의 재앙과 아수
라신의 재앙과 금시조신의 재앙과

140. 킨다라 그라하 마호라가 그라하 프레 타 그라하 피사차 그라하

긴다라신의 재앙과 마후라가신의 재앙과 아 귀신의 재앙과 시체를 먹는 귀신의 재앙과

141. 부타 그라하 푸타나 그라하 카타푸타 나 그라하 쿰반다 그라하

정령귀의 재앙과 취귀의 재앙과 기취귀의 재앙과 여자(宮女)만 따라다니는 귀신의 재 앙과

142. 스칸다 그라하 운마다 그라하 차야 그라하 아파스마라 그라하

어린이를 병들게 하는 귀신의 재앙과 광 병마(狂病魔)의 재앙과 음영귀(陰影鬼) 의 재앙과 양(羊)의 머리에 여자의 몸으 로 나타나는 귀신[羊頭]의 재앙과

143. 다카다키니 그라하 레바티 그라하 자 미카 그라하 사쿠니 그라하

인육을 먹는 남자귀신의 재앙과 배[腹]로

기어다니는 귀신의 재앙과 독수리의 형상
을 한 여귀의 재앙과 말 모양을 한 귀신
의 재앙과

144. 난디카 그라하 람비카 그라하 칸타 파니 그라하

주문을 지니기를 기뻐하는 귀신의 재앙과
뱀의 형상을 한 귀신의 재앙과 닭의 형상
을 한 귀신의 재앙과

145. 즈바라 에카히카 드바이 티야카 트레 티야카

열학질귀의 하루에 한번만 발열을 하는[一
日一發熱] 것과 이틀에 한번씩 발열을 하는
[二日一發熱] 것과 삼일에 한번씩 발열하는
[三日一發熱] 것과

146. 차투르타카 니탸 즈바라 비사마 즈바 라 바티카

나흘에 한번씩 발열하는 것과 항상 발열
하는 것과 아주 심하게 발열하는 학질열
과 풍토병과

147. 파이티카 스레스미카 산디 파티카

저즙질(沮汁質)에 의한 황달병과 염창병
과 이질병과

148. 사르바 즈바라 시로르티 아르다바베
다카

모든 열병과 두통, 편두통과

149. 아로차카 악시로감 무카로감

위장병, 안질병, 인후병과

150. 흐르드로감 카르나 수람 단다 수람
흐르다야 수람

흉통과 이통[귓병], 치통, 심장통과

151. 마르마 수람 파라스바 수람 프르스타
수람 우다라 수람

관절통과 늑막염과 척추통과 복통과

152. 카티 수람 바스티 수람 우루 수람 잠
가 수람

요통과 방광통과 대퇴통과 다리의 통증과

153. 하스타 수람 파다 수람 사르방가 프라튱가 수람

수통과 족통과 전신의 지절통과

154. 부타 베타다 다카다키니

정령귀(精靈鬼) 기사귀(起死鬼)와 압고여귀(壓蠱女鬼)에 의한 열병이나

155. 즈바라 다드루 칸듀키티바 로타 바이사르파 로하링가 소사 트라사 가라

거미 등과 같은 곤충에 의해 피부에 계속 퍼지는 적반창이나 음식독에 의한 건고병(乾枯病)이나

156. 비사요가 아그니 우다카 마라베라 칸타라

독이 있는 화신(火神)이나 수신(水神), 용맹스러운 짐승 모양의 신과

157. 아카라므르튜 트라이무카 트라이라타

**카 브르스치카 사르파 나쿠라 심하 뱌그
라 릭사 타라릭사 차마라 지비볘**

횡사를 가져오는 벌과 등에, 전갈, 뱀,
들쥐, 사자, 호랑이, 곰, 표범, 검은 물소
등의 생명을 빼앗는 모든 재앙들을

158. **테삼사르볘삼 시타타파트라 마하바즈
로 오스니삼 마하프라튱기람**

위와 같은 일체의 모든 재앙을 백산개
(白傘蓋)인 대금강불정(大金剛佛頂)의 대
조복(大調伏)으로 자연 퇴멸시키고

159. **야바 드바 다사 요자나 뱐타레나 사
마 반담 카로미 디사 반담 카로미**

적어도 12유순 안에서 행하는 그 주문들
을 나는 결박하고, 도량을 지키겠노라!

160. **파리비댜 반담 카로미**

그리고 다른 주문들도 나는 결박하여 도
량을 지키겠노라!

161. **테조 반담 카로미**

광취로서 그것들을 결박하고 도량을 지키
겠노라!

162. **하스타 반담 카로미 파다 반담 카로미**

타주를 행하는 손을 결박하고, 타주를 행
하는 다리를 결박하고

163. **사르방가프라튱가 반담 카로미**

타주를 행함이 일체가 저절로 결박되노라!

164. **타댜타**

즉설주왈

165. **옴 아나레 아나레 비사다 비사다 반다 반다 반다니 반다니**

원합니다. 불꽃광명존이시여, 화염존이시여,
불을 활활 태우는 화염존이시여, 광명존이
시여 그 지혜의 불빛을 밝게 비치소서, 결
박하소서, 포획하소서, 결박하는 이여, 포획
하는 이여!

166. **바이라 바즈라 파니 파트**

용감한 금강수(金剛手)의 명주를 파패케
해주심을 원하옵니다!

167. **홈브룸 파트 스바하**

존경받는 타주에 파패를 성취케 해주소서!

168. **나모 스타타 가타야**

대여래에게 귀명합니다.

169. **수가타 야르하테 사먁삼붇다야 시댬
투 반트라파다 스바하**

선호 응공의 정진정각을 성취토록 해주심을
나는 믿어 구합니다. 소원을 성취케해 주시
옵소서!

회향게
廻向偈

상래현전청정중 풍송능엄비밀주
上來現前淸淨衆 諷誦楞嚴秘密呪

맑고도 깨끗하온 우리 대중들 능엄의 비밀
주를 높이 외우고

회향삼보중룡천 수호가람제성중
廻向三寶衆龍天 守護伽藍諸聖衆

삼보님과 용의 무리 여러 천신과 가람수호
성중들께 회향하오니

삼도팔난구리고 사은삼유진점은
三途八難俱離苦 四恩三有盡霑恩

삼악도 팔난고를 다 벗어나고 사은삼유 빠
짐없이 은혜 입으며

국계안녕병혁소 풍조우순민안락
國界安寧兵革銷 風調雨順民安樂

나라가 편안하여 싸움이 없고 바람비 순조
로워 백성 즐기며

대중훈수희승진 십지돈초무난사
大衆熏修希勝進 十地頓超無難事

대중들 닦는 도업 날로 나아가 십지를 뛰
어넘어 어려움 없고

삼문청정절비우 단신귀의증복혜
三門淸淨絶非虞 檀信歸依增福慧

삼문이 청정하여 근심 끊어져 심신단월 귀
의하며 복혜가 증장하네.

시방삼세일체불 제존보살마하살 마하반야
十方三世一切佛 諸尊菩薩摩訶薩 摩訶般若

바라밀
波羅蜜

시방세계 삼세의 모든 부처님, 높으시고
거룩하온 여러 보살님, 크고 큰길 밝게 비
친 부처님지혜이로다.
나무 석가모니불
나무 석가모니불
나무 시아본사 석가모니불

법신진언
法身眞言

옴 아비라 훔 캄 사바하

도서출판 窓 의 "무량공덕" 시리즈

제1권 **금강경**, 무비스님 편저
제2권 **천수·반야심경**, 무비스님 편저
제3권 **부모은중경**, 무비스님 편저
제4권 **목련경**, 무비스님 편저
제5권 **천수·금강경**, 무비스님 편저
제6권 **천수·관음경**, 무비스님 편저
제7권 **관세음보살보문품**, 무비스님 편저
제8권 **금강·아미타경**, 무비스님 편저
제9권 **불설아미타경**, 무비스님 편저
제10권 **예불문**, 무비스님 편저
제11권 **백팔대참회문**, 무비스님 편저
제12권 **약사여래본원경**, 무비스님 편저
제13권 **지장보살예찬문**, 무비스님 편저
제14권 **천지팔양신주경**, 무비스님 편저
제15권 **보현행원품**, 무비스님 편저
제16권 **지장보살본원경(상)**, 무비스님 편저
제17권 **지장보살본원경(하)**, 무비스님 편저
제18권 **무상법문집**, 무비스님 편저
제19권 **대불정능엄신주**, 무비스님 편저

¤ **"무량공덕"** 시리즈는 계속 간행됩니다.

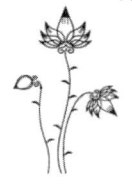

☆ 법보시용으로 다량주문시
특별 할인해 드립니다.

☆ 원하시는 불경의 독송본이나
사경본을 주문하시면 정성껏
편집 · 제작하여 드립니다.

◆무비(如天 無比)스님

·전 조계종 교육원장
·범어사에서 여환스님을 은사로 출가
·해인사 강원 졸업
·해인사, 통도사 등 여러 선원에서 10여 년 동안 안거
·통도사, 범어사 강주 역임
·조계종 종립 은해사 승가대학원장 역임
·탄허스님의 법맥을 이은 강백
·화엄경 완역 등 많은 집필과 법회 활동

▶저서와 역서
『금강경 강의』, 『보현행원품 강의』, 『화엄경』, 『예불문과 반야심경』,
『반야심경 사경』 외 다수.

대불정능엄신주

초판 14쇄 발행일 · 2025년 8월 20일
초판 14쇄 펴낸날 · 2025년 8월 25일
편   저 · 무비 스님
펴낸이 · 이규인
편   집 · 천종근
펴낸곳 · 도서출판 窓
등록번호 · 제15-454호
등록일자 · 2004년 3월 25일

주소 · 서울시 영등포구 문래북로116 903호(문래동3가, 트리플렉스)
전화 · 322-2686, 2687 / 팩시밀리 · 326-3218
e-mail · changbook1@hanmail.net
홈페이지 · (http://www.changbook.co.kr)

ISBN 89-7453-191-1 03220
정가 5,500원

*파손된 책은 구입하신 서점이나 《도서출판 窓》에서 바꾸어 드립니다.
☞ 염화실 (http://cafe.daum.net/yumhwasil)에서 무비스님의 강의를
   들을 수 있습니다.